HJEMSTAVN

Mit skønne land

Min hjemstavn bølger for mit øje,

med havet blåt som himlens spejl,

med skum på toppe, som sig flytter,

og vindomblæste hvide sejl.

Det lufter let i mine krøller,

et pust af salt og fugtig luft

henover mine kinder stryger,

jeg ånder dybt af havets duft.

Og vender jeg mig om, så ser jeg

et anderledes bølgehav,

så grønt og gult, med bakker, dale,

i skift imellem høj og lav.

Med lyse, grønne bøgeskove,

på bakketoppe egetræ´r,

jeg hører lærkens jubeltoner

og droslens sang fra fjern og nær.

Vort landskab er en tidlig gave,

som hele Norden har os sendt,

hvor istids-bræer blev til postbud,

er pakker i moræner endt.

Med grus og ler og kampestene

opstod en bølgebakket strand,

da isen trak sin tå tilbage,

da danned sig vort skønne land.

13.5.2022

Aarsmøde

Det strømmer ind med mennesker,

og over dem, der blafrer flag,

i rødt og hvidt vi fejrer os,

vi ses igen på denne dag.

Orkestret spiller kendte toner,

vi kigger rundt, hvem kommer dér,

bekendt og ukendt frem de toner

til pladsen her fra fjern og nær.

En fællessang gi´r fællesskab,

forenet i den danske sang,

kun udsøgte af vers vi synger,

for ellers bli´r den alt for lang.

vi smiler rundt til folk, vi kender,

og gi´r et nik og fingerkys,

familien får et mødested,

fordi vi skal på rundturs-drys.

Hvor ér det skønt, så længe siden,

et smil, et knus, et prøveblik,

har tiden malet nye furer

i den så velkendte mimik?

Den unge mand, der ved din side

er dét måske? - jeg sér - hans blik,

den lille purk, som sad hos mig

engang for mange år tilbage

ved børnehavens sangmusik.

Vi drysser rundt til spil og boder,

får os en is, der hurtigt smelter,

for vi skal se på alt, der sker

og henom hjørnet måske venter.

En hoppeborg, en bil med bøger,

og sæbebopler vildt i flugt,

for vinden gi´r et ekstra pust,

og sender næsen grillmads-duft.

Henover liv og summestemmer

man hører taler og musik,

det meste man fra fjernt fornemmer,

avisen gi´r dernæst et blik.

I midten viser små og store,

hvad de har øvet på med lyst,

og kameraer klikker lystigt,

gymnaster gi´r den sidste dyst.

Og festen slutter, som vi kender

den tradition fra alle år.

Så er der stadig sang i skoven,

og flaget her sin afsked får.

En sodavand, en sidste pølse,

farvel til dem, man sjældent ser,

vi ses igen til næste år,

hvis ingen hindringer der sker.

12.6.2020

Syng dansk

Det bløde "d" kom ind med sang,

den røde grød med fløde på -

med sang fik den den rette klang,

det danske sprog kom op at stå.

Med sang begyndte vores dag,

hver time startede med sang,

så mange nye ord hver dag

fik tungegymnastik i gang.

-

Vor skolesangbog var så blå

og var det vigtigste for os,

for ret at finde tungemål

det hårde tyske sprog til trods.

At kunne i vort talesprog,

at vi der går som pige frem

på dansk at sige helt korrekt,

ej pindsvin er i piggehjem.

-

Lær dansk med sang, få tonen ind,

byt bogstavformen med dens lyd,

med øre-tunge-sammenklang,

med sang, der klinger her mod syd.

Et modersmål, et folkeliv

sig leger ind med sang og spil,

det folk, som vi her slægter på,

dét samspil vi bevare vil.

28.6.2022

NATUREN

Festligt stormvejr

Hører jeg stormen bag lukkede døre,

så har den fart paa, og luften har travlt,

en måge, der skriger, en krage, der skræpper,

mens spurve sig dukker i busken så bravt.

Mens træerne danser en gammeldags vals,

som de nok har lært af min fætter på Als.

-

Jeg finder min jakke, ta´r sko på og går,

så festligt det lufter i mine grå krøller,

og stormen friserer så uglet mit hår,

og farten gi´r vippetur til mine deller.

Jeg rammer en pyt, så det sprøjter i ring,

men støvler er høje, det gør ingenting.

-

Ved havet jeg står, kniber øjnene i,

det bruser med skumsprøjt, som stænker min kind,

mens bølger ledsager en vind-melodi,

som følger så taktfast mit brusende sind.

Ja, stormen jeg elsker, når sindet slår smut,

den gi´r mit humør en ekstra salut.

1.5.2022

Vestvind

Havet bruser mig i møde,

bølger styrter ind mod strand,

kantet som af piskefløde

skiller vandet sig fra land.

Salte dråber stænker kinden,

smilet fryser om min mund,

hætten varmer mine ører,

og jeg føler mig så sund.

2.1.2021

Morgenmose

Tågen hænger fast i buske

mosen damper morgensky,

længe går jeg gennem skoven

langt fra hjemmets lille by.

Dér, hvor skoven pludslig ender,

møder mig et åbent sted,

mosekonen livligt brygger,

medens tågen slår sig ned.

-

Solstrejf fanger sig i tuer

af det våde mosegræs,

frø og tudse endnu sover

træt fra nat-koncertens ræs.

Fløjlsgræs-ho´der slattent hænger,

trækkes ned af tågedryp,

og en enkel fugl nu synger

sart i graners hvisken svøbt.

7.6.2022

Juni-regnen

Stille siler juni-regnen,

som gør myg den gode muld,

Jeppe Aakjær sang et sted

at solen gav det rene guld.

Havren danner sine klokker,

viser sig ved sommertid,

står på stilke, tonen lokker:

Jeppe, ja, jeg synger med.

6.6.2022

LIVET

Tiden går

Du var kun en knop

jeg elskede dig,

du var mig velkommen

kom, lev her hos mig.

-

Jeg gav dig en plads

i min krop, i min sjæl,

jeg følte dig vokse,

var ej mer kun mig selv.

-

Du sparked og voksed,

din plads blev for trang,

jeg vil ud i verden,

og ud du dig tvang.

-

Du kom med et plop

og så var du fri,

på godt og på ondt

jeg fulgte din sti.

-

Og nu er du far

har selv dine børn,

i hverdag og fest

ta´r du også din tørn.

-

Familien vokser

og livet gror,

så meget at elske

for bedstemor.

24.7.2020

Den første tand

Se, det blinker i min mund,

bag de bløde røde læber

skinner frem en tand så hvid,

som så klart mod lyset stræber.

Mor har lagt sig i sin seng,

ør og træt af al min jamren,

nu min smerte er forbi,

som gav mor sin hjertehamren.

-

Nu vi sover sødt, vi to,

hviler efter ondt og plage,

vågner efter lang en stund

ind i bedre, lyse dage.

Munter leg og lystig pludren

kys og kram og smil med tand,

ren og mæt og velfornøjet

putter sig den lille mand.

13.12.2022

Børn

Børn bli´r store, vokser til,

ingen mér på skødet vil,

følger deres egne baner,

nytter ej, du ivrigt maner:

pas nu på og se dig for,

at det ikke galt dig går.

-

Store børn vil selv bestemme,

alt er spændende dér fremme,

de vil prøve alting selv,

finde frem til livets elv,

får sig blodig knæ og tå,

hindrer dem ej i at gå.

-

Finder kæreste på farten,

ægteskab går ind i starten,

småbørn sidder dem på knæet,

snart på vej højt op i træet,

"Kom nu ned, du lille skurk,

inden det går helt agurk."

-

Børn bli´r store, vokser til,

bedste kender dette spil,

sådan var det og med dig,

det er altid samme leg.

"Gå nu ikke helt amok,

ungen klarer sig jo nok."

6.12.2022

Sovetid

Gutten står i tremmesengen, røde læber, røde kinder,

læg dig ned, min egen skat, solen ned mod mørket rinder.

Men din gut vil ikke sove, "er så tørstig, vil ha´vand,"

og du henter sutteflasken, "nu du sikkert sove kan.

-

Ingen fugle synger mere, stille bli´r det henmod nat,

hvad vi hører nu derude, er kun en forelsket kat.

Sov, min egen, når du vågner, vil vi ha´ det rigtig rart,

hvis du så er træt og gnaven, er det for dig ikke smart.

-

Læg dig ned, du kære, søde, drømme venter dig i nat,

alfer finder dine veje, og de venter dig, min skat."

Trætte øjne bliver bitte, knus får han, den lille gut,

putter sig i dine arme, og han gumler på sin sut.

-

Og nu ligger han i sengen, roder krøller i sit hår,

stille lister du til døren, læsetime du nu får.

Så med ét står ved din side pludselig din lille skat

med et smil i hele ho´det, "Se, hvad jeg har lært i nat.

-

Jeg er stor, kan helt alene klare tremmesengens mur!

Kom nu med, så skal jeg vise, at jeg ta´r den næste tur!"

Og den næste og den næste, og du siger ikke Stop!

Lad ham nyde sine kunster, mens du går i bogen op.

-

Til du ikke hører mere, stille lister du dig ind,

FORAN sengen ligger gutten med sin bamse under kind.

8.5.2022

Feriekoloni

Bussen kommer,

bussen kommer,

fjorten dage koloni.

Far og mor har pakket kuffert,

og det hele er deri,

bukser, trøjer, sko og støvler,

regntøj, solhat listet op,

navn på hele molevitten,

og en jakke på hver krop.

Sovedyret med i bussen

slik og frugt de voksne har,

tal på børn skal kontrolleres,

ekstra blik engang man ta´r.

Kys og klap fra mor og far,

alle, som der ej skal med,

stiger lydigt ud af bussen,

motor starter, og farvel.

Vinker til det næste hjørne,

blikkontakt er nu forbi,

nogle børn er ganske stille

huer ej forældrefri.

Andre børn er kendt med turen,

kender stedet, de skal hen,

kolonien bli´r et minde,

som de alle ta´r med hjem.

5.6.2022

Under taget

På loftet under taget

saa hyggeligt et sted,

dér sad jeg tit og læste,

deroppe var der fred,

i solens brede stråler

som gennem lugen faldt,

hvor støvet sagte vifted,

jeg havde bare ALT.

Familieblad og Hjemmet

de lå dér i en stak,

og Bamse, Dukke Lise,

med dem fik jeg en snak,

med Knold og Tot jeg grinte,

hvad de ku´finde på,

og Skipper Skræk med piben

med muskler, som ku´STAA.

Og af og til en pippen

af småfolk under strå,

hvor spurve havde reder

med nøgne unger små,

så sad jeg musestille,

mens de fik aftensmad,

og først, når de var mætte,

jeg læste i mit blad.

7.11.2020

Rutschebanen

Rutschebanen op og ned

sikken fart, og hvor de skriger

maven står et sælsomt sted,

ikke mig, jeg fra den viger.

Hár du virk´lig ikke lyst,

kom nu med, det er en FEST,

vær nu ingen lyseslukker,

dén af alt er allerbedst.

-

Du kan tro NEJ, dét er ikke

mit det bedste, som jeg véd,

men jeg under dig din lykke,

køb billet og kom afsted.

Jeg står her og venter på dig,

får imens en vaffel-is,

kæler for min lækkertunge,

festlig lyst på egen vis.

10.7.2022

Det ringer

Det ringer på døren

jeg venter dog ingen,

hvem mon dog der kommer,

en uventet gæst?

En gammel bekendt

fra forgangende dage,

måske endda én

som jeg var med til fest?

Det gætteri bringer mig

dog ingen vejne,

på vej hen til døren

jeg former et smil,

et lille og skjult kun,

hvis det passer stilen

med påringe-gæsten

jeg passer det til.

Men hov, foran døren

dér finder jeg ingen.

Kun tom luft, der ikke

kan fange mit smil,

men hen omkring hjørnet

om huset derhenne,

dér render en jublende

purk som en pil.

23.5.2022

Rabarberblad

Rabarberblad, rabarberblad,

så grøn og duftende og frisk,

sér jeg dig spire, blir jeg glad,

NU bli´r det forår, det er vist.

Mens foden skinner lyserød,

så krøller sig det grønne blad

og spreder sine vinger ud

som parasol fra Davids stad.

Rabarberblad var legetøj

som dukkeseng og pakkegave,

ved legen: far og mor og børn

blev borddug det og køkkenklæde.

Den fine hat og hagesmæk

ku´ formes frit og bindes fast,

i regnvejr blev det paraply

når vi løb hjem i uvejrs-hast.

Rabarberblad, rabarberblad,

en madsæk på en vandrestav,

med lækkert fra et køkkenskab

til strand og skov i børnetrav.

Det dufter friskt på hænderne,

når ud vi pakker godterne

og deler frit med ænderne

og tøserne og gutterne.

24.5.2022

Den lavendelblå

En himmel så blå og ikke én sky,

lavendelfarvet min yndlings-kjole,

dengang var jeg lille, og kjolen var ny,

en fødselsdag havde jeg dén på i skole,

og sangen om Inger med kjolen så blå,

sådan skulle det mig med dén ikke gå,

dén sang vi den dag for lavendelblå -!

Når vi sang om Inger, så så jeg mig selv,

min yndlingskjole sku´ det ikke hænde,

i frikvarteret sad jeg på en bænk,

for snavsede fingre sku´ mig ikke finde,

min kjole lavendelblå gjorde mig FIN,

det gik ikke, at jeg gik over gevind.

Den lange vej hjem gik jeg næsten på tå,

for intet sku´ ske den lavendelblå.

3.6.2022

Det stykke med bart

Min hat har ej tre buler,

en sådan har jeg ej,

og jeg har ingen kjoler,

de gik den samme vej.

Jeg elsker lange bukser,

de holder kulden væk,

de holder sig på stedet,

selv i det største træk.

-

De flyver ej med vinden,

og blotter mine lår,

så koldt, jeg endnu mindes,

et gys jeg stadig får,

med strømpebånd og knapper,

det lille stykke bart,

det gjorde ondt i kulden

og det var ikke rart.

16.1.2023

Min mormor

Mormor dampede sin pibe,

havde endda to på skift,

kort den ene, lang den anden,

begge to fik de et lift.

Cigaretter røg hun også,

fornem holdt med spids i hånd,

til beskyttelse af øjet

imod røgens skrappe ånd.

-

Og min mormor kunne synge,

dyb og klar med melodi,

ramte sikker hver en tone,

og vi andre stemte i.

Teksten blev lidt eventyrlig,

men når vi stak i et grin,

så blev mormor åh så arrig,

tålte ej at bli´ til grin.

-

Mormor kunne li´ at spille,

hvis hun ret alt melde, vandt,

Ludo-spil med brædt og tærning,

er for småfolk, ikke sandt!

Lær at tabe, kære unger,

blive vred, er ikke godt,

fælde tårer for et spil,

det er ikke spor af flot.

-

Men det hændte mormors kegler,

at de også blev sendt hjem,

lige før de kom til målet,

så kom hendes "sindsro" frem.

Så fik både bræt og kegler

flyvetur til gulv og loft,

måbende så vi spektaklet,

altså nej, hvor VAR det groft.

-

Kultiveret, superfornem,

norm og skik et sikkert felt.

Men hvis æren stod på spil,

gik beherskelsen ej med.

Barnligt sind kom frem i spillet,

mormor viste temperament,

også mange år derefter

kan vi grine gang på gang.

30.11.2022

Stadig min

Fra tid til anden ser jeg dig,

så kommer du forbi,

du har din egen levevej,

har ej så ofte fri,

selv har du børn, som elsker dig,

og jeg har del i dem,

til fester og ved lejlighed,

så er her alles hjem.

Dit liv er dit, jeg gi´r dig råd,

men kun, hvis du mig spør.

Jeg nøglen har, men ringer på,

du åbner mig din dør.

Er uden varsel brug for mig,

så kan jeg komme ind.

Til mig du også nøglen har,

det letter mig mit sind.

Fortrolighed og fællesskab

er nøglen til hinanden,

og kommer noget os på tværs,

så kan vi holde sammen.

Et bånd så stærkt af kærlighed,

som holder hele livet,

det spundet er i skæbnestorm,

og er os altid givet.

10.5.2020

DE SENE AAR

Det rinder

Nu rinder solen op af østerlide

og øjne rinder med, de er så stride,

de græder ej, for der er ikke andet,

de gamle øjne holder ej på vandet.

det render bare frit

når kun det lufter lidt.

Det er forbandet.

11.8.2021

Klippes !!

Håret hænger ned ad nakken,

foran klippet til så fint,

var jo dog engang på mode,

mener, jeg kan huske hint.

Foran kort og bagved langt,

har på billeder jeg set,

dog jeg mindes det med kjoler,

dog med hår - er det mon sket?

Jo, det ér, halvtreds år siden,

mænd gik rundt med bakkenbart,

hang den ned til flaskehalsen,

syntes de, det var SAA smart.

Og de lange nakkekrøller

dækked pigers svanehals,

medens ansigtet fik ramme:

håret kort i bølgevals.

Klippe foran kan jeg sagtens,

men i nakken? Kan jeg ej!

Foran spejlet dirigere?

Saksen går den anden vej.

Mine arme slår en knude,

hånden vristes snart af led,

saksen er så uhåndterlig,

fra mit ansigt drypper sved.

Jeg får fat i telefonen,

"Kan jeg få en tid hos dig?"

Samme dag med tid og taske

er en masse hår på vej,

ned på gulvet det sig samler

i en bunke mere gråt,

resten er endnu på ho´det

langtfra rødt, men nok så flot.

9.6.2022

Hvis jeg kunne

Det står ej i min køkkenhave,

for lille er min husaltan,

men klatre ville jeg så gerne

i denne krones Erivan.

Helt i princippets målestok:

så ideelt et klatretræ,

dog brugte jeg de gamle ben

var jeg så sandelig et fæ.

Men går jeg treds år nu tilbage,

så kunne jeg ej stå imod,

og lod min bange moder klage,

"bliv dog hernede ved dens fod."

Jeg ville klatre helt til tops

og nyde kronens viftetelt

og skue over bjerg og dal

mod nord helt op til Lillebelt.

6.10.2021

Fødselsdag

Hvert år danner træer ringe,

vidner om, hvad tiden gav,

sol og regn og viltre vinde,

livs-naturens vandrestav.

Ringe fik du ej i kroppen,

du fik rynker, som man ser,

for du lever livet rigtigt

når du græder, når du ler.

Mange bruger strygejernet,

skønhedslæger kroner får,

hvorfor skjule, at man lever,

at man BRUGER sine år.

Når din mund og øjne smiler,

smiler også ho`det med,

man kan se, du lever livet,

rynker skriver dagbog ned.

Men dit hjerte har ej rynker,

ungt og åbent er dit sind,

når du smiler, stråler varmt

det ind i venners hjerter ind.

4.1.2020

Ord-smutter

Hvad ér det nu, den tingest hedder,

jeg kender den og véd besked,

men ordet smutter ud af hjernen,

det vandrer uset her et sted.

Så tydeligt sér dog mit øje,

det indre, TINGEN for mit blik,

det ligger foran på min tunge

men smeltet, som om det var slik.

-

Begynder jeg at spekulere,

for bagved øret sidder det,

så griner ordet sig fordærvet,

og glider mig bag nakken ned.

Smut du nu bare, lille djævel,

jeg véd, du kommer snart igen,

når andet opta´r mine tanker,

så pludseligt du kommer frem.

23.6.2022

Livsaften

Mindre og mindre der bliver af dig,

fjern for dig selv, din tanke har huller,

snubler du ned i en tankefælde,

plinger den fra dig som sæbebopler.

Plopper i luften og fanger en ny,

en usammenhængende tankesky.

-

Trykker kontakt på din telefon,

får ikke den, du vil snakke med.

Tier forvirret, og lægger på,

endnu engang er forstyrret din fred.

Trykker dog gerne den samme kontakt,

husker endnu, hvem du ringede til,

får en betryggende afslappet snak,

skønt sammenhængen har eget spil.

-

Hundene gi´r dig et holdepunkt,

denne kontakt er dig helt uundværlig.

Hunde og dig havde altid sin plads,

denne forbindelse var ganske særlig.

Naboer, plejerfolk hjælper dig med,

at gi´dine hunde et livs-sikkert sted.

26.6.2022

KÆRLIGHED

Den første kærlighed

Bag hegnet tæt

i solskinsvarmen,

dèr sad vi sammen,

kun vi to.

Hinanden holdt vi os

i armen, vi venner var,

det kan I tro.

De bare fødder

fletted tæer,

og læber mødtes

tør og sky,

af græs vi flettede

os ringe,

og loved os:

"Vi ses påny."

Han skulle flytte

væk fra byen,

med søskende

og far og mor,

hans far fik

job og hjem

derhenne,

langt væk i byen,

åh, så stor.

Vi så os aldrig

mere siden,

for det var

tiden ikke til,

flygtningebørn

blev strø´t så viden,

venskaber havde

dårligt spil.

5.3.2020

Uskyldsdrøm

Jeg har drømt om dig i nat,

åh, hvor er det længe siden,

ingen kendte mine drømme,

og de svandt derhen med tiden.

Sværmeriet fyldte sindet,

hemmeligt og rosenrødt,

og mens kroppen var som barnets,

uskyldshjertet vågned blødt.

Livligt blinked dine øjne,

og jeg glemte tid og sted,

dine hænder dansed polka,

og mit hjerte dansed med.

Du var smuk i mine øjne,

så bedårende og kær,

Og så levende og sikker

og mit hjerte stod dig nær.

30.7.2020

Ensom dans

Dér sidder du alene

ved randen af et dansegulv,

de andre svinger benet,

et overstadigt ungdomskuld.

Musikken spiller dansetrin,

og salen bølger som et hav,

kun dine fødder danser

alene i et polkatrav.

Du vil så gerne danse,

men ingen kommer til din stol,

hos dig vil ingen standse,

du sidder dér som bly viol,

du nipper til din Soda,

vil dække over ensomhed,

i håb du stille venter,

vil ikke være her i fred.

Den sidste dans begynder,

en afskedsvals for denne nat,

forelsked´ sig forener,

og skat ta´r om sin skat nu fat.

Dit glas du langsomt tømmer

og sender smil til luftens gud,

vil ingen øjne møde,

og går i nattemørket ud.

17.6.2022

Evig ung

Om ung eller gammel,

når hjerterne brænder,

du knap nok dit eget

behov nu erkender,

du følger veje som

aldrig du gik,

så fyldt er dit hjerte

med elskovsmusik.

Forenes to hjerter

i brusende varme,

omslynges to kroppe

af kærlige arme,

i finder jer selv

i hinandens spor,

og fyldes igen

med kærlighedsord.

26.7.2020

Kærlighed

Kærlighed har ingen alder,

møder den dig på din vej,

er du lige smækforelsket,

det er altid samme leg.

Sér du ham, så banker hjertet,

er du gammel eller ung,

sér han ikke til din side

føler du dig lige tung.

-

Er du hemmeligt forelsket

kontrollerer du dit blik

er for pinligt, hvis han mærker

at du tænker (prik - prik - prik)

sér i smug kun til hans side,

gemmer ansigt i dit hår,

mærker ej, at andre sér det,

at dit blik til ham kun går.

-

Men hvis hjerter finder sammen,

ringer klokker ved hvert blik,

når forhåbninger forenes

og forventninger gi´r stik,

så et andet liv begynder,

to og to går samme vej,

og en fremtid bliver jeres,

med et "vi", fra du og jeg.

-

24.6.2022

LIVSGLÆDE

Valsens trin

Storesøster, lær mig dansen,

valsen lokker mig så tit,

helt alene går det sagtens,

men en partner danser sit.

Harmonien vokser kyndig

hvis man kender trin for trin,

begge følger med hinanden,

valsen bølger i mit sind.

-

Bord og stole sat tilside,

pladsen er så knap, men nok,

én, to, tre, vís mig alene,

venstre først -nej, intet hop!

Grin nu færdig, lille søster,

forfra nu, og én, to, tre,

det går fint nu, et par gange,

så går valsen, skal du se.

-

Svinge valsen med en partner,

der er god til denne dans,

som om englevinger vokser,

når jeg danser med bror Hans.

Hvor mon han har lært at danse,

krop og sjæl går samme vej,

til musikkens vuggetoner

svæver vi i dansens leg.

3.12.2022

Den glade sanger

Jeg synger, som jeg kan,

men slet ikke som jeg vil,

min stemme vil ej mere

være med på dette spil.

Den skratter og den lyder
ikke mere særlig smart,
og mine børn syns heller
ikke mer´, det lyder rart.

Nu synger jeg alene,
når jeg helt er for mig selv,
der er så mange sange,
som drog med på livets elv.
Jeg sang, når livet føltes trist,
og alt var til besvær,
Naar jeg var glad,
så sang jeg bare
endnu meget mer.

Når jeg går rundt i byen
helt alene, hvor jeg bor,
så synger jeg i ho´det
uden lyd og høje ord.
Jeg vandrer frem i takt
til melodiers muntre spil,
og undervejs mig møder
mange muntre friske smil.

17.03.2018

Og nu jeg træner lungerne
med sangbog på mit bord,
corona synger jeg i sænk
med ensomt jubelkor,
hver gang jeg går forbi igen,
så ta´r jeg næste sang,
for udenad i skolerne
jeg lærte dem engang.

Så dejlig blå den ligger dèr,
min gamle skolebog,
fra sted til sted den fulgte mig,
hvorhen mig livet drog,
så uforlignelig den er,
med alt fra livets gang,
højskolebogen giver os
til alt den rette sang.

3.4.2020

Hej med os

Hej for dig og hej for mig,

hej for hver en ven,

som engang så nær mig var,

hej for jer igen.

Livet er et broget felt,

verden er så stor,

stadig mindre flokken bli´r,

som omkring mig bor.

Gamle gik, som det nu ér,

unge fulgte med,

mange dog, som mig er nær,

pynter her mit sted.

Hej for hver, som mig er god,

kys og kram for dig,

kom forbi, når du får tid,

så har jeg tid til dig.

Hej for dig og hej for mig,

hej for alle dem,

som vil synge med i kor,

her i vores hjem.

Hej for sangen, som er min,

hej for morgensang,

som engang var rungende

gennem skolens gang.

Jeppe Åkjær skrev sig stor,

Oluf Ring gav sit,

og Carl Nielsens harmoni

vugger sindet frit.

Grundtvig skrev med fynd og klem,

var det ej for ham,

sangens skat var ej så stor

i hvort skønne land.

10.5.2022

HUMOR

Spilleglad

Det sidste level i mit spil

vil ikke være ven med mig,

det driller og det snyder vildt

og viser den forkerte vej.

forfører andre steder hen,

en genvej foran viser sig,

du stormer glad til målet hen, -

så lumsk en fælde åbner sig.

-

Forfra igen, endnu engang,

for det er level nummer sidst.

Har klaret hele vejen frem,

nu klarer jeg den ganske vist.

Men det er omgang alt for mange,

ærgerrigheden driver frem,

jeg VIL ha´ denne sidste tjans,

og drive spillet til mig hjem.

-

Men åh, som spille-djævlen griner,

skønt du nu går forsigtigt frem,

rekapitulerer, hvor du gik

og sender alle fælder hjem.

Og skridt for skridt du finder vejen

forude ser du skiltet "Hjem" -

så pludselig en klokke ringer:

"Time out for dig", begynd igen.

-

21.6.2022

Hvad var det dog, jeg så??

Har trolde ingen bukser på?

Hvad var det, jeg i skoven så,

Var han forbudt måske paa vej

Og troldedamens mand var sej ?!?

Saa pludslig han I døren stod,

Og tid til bukser han ej lod.

Vor troldgalan straks måtte flygte,

For troldefar har grumt et rygte.

Hver fremmed bejler bli´r en stump,

når troldefar slår ham til klump,

så hel´re uden bukser på,

det kom jeg så dén dag og så.

23.7.2020

På visit

En elefant med stædigt sind

vil på visit hos passer-ven,

han prøver bravt at komme ind

som alle gør, ret gennem døren.

Men ho´det sidder alt for højt,

hvordan nu komme ind, for Søren.

Men Søren bor på første sal,

hans vindu` sidder lidt på klem,

og Jumbo tænker, så i fald

jeg med min passer snakke skal:

min snabel gennem sprækken går,

vor passiar vi to så får.

Et lille trut fra Jumbos snabel,

og passer Søren kommer hid.

"Hej, Jumbo da, hvor komfortabel,

at du til mig har ekstra tid."

En klase druer skifter ejer,

bananer bli´r en mellemmad.

Gardinerne om Søren fejer,

mens han i vindueskarmen sad.

"Men hjem du skal igen, min Jumbo,

vent lidt, så kan vi følges ad.

Jeg skifter om til arbejdssko,

og fylder mad i kattens fad."

Og to og to de sludrer sammen

en snabel viklet om en hånd,

de nyder det i fryd og gammen

så varmt og trygt et venskabsbånd.

14.1.2022

DYR

Lopper

Svup Karoline, mavepine,

sengen fuld af lopper,

hun kan ikke fange dem,

allesammen hopper.

Hopper rundt i dynerne

og leder efter grøde,

det skal være blod til os

og ikke af det døde.

Sætter du en skål til os

med rødgrød som en fælde

hopper vi sku udenom,

det kan vi godt fortælle.

Vi er sejge, vi er frie

går på kat og hunde,

vi får mange, mange børn

til hver en ekstra runde.

4.1.2022

Tavse stemmer

Her sidder jeg og fløjter løs,

min stemme gi´r, alt, hvad den kan,

jeg vrider halsen snart af led,

og venter indsats, ALLEMAND !!

Så mange åbne næb på rad,

og alle toner sidder fast,

tro ej, jeg her for sjov kun sad,

jeg bærer ej kun selv den last.

-

Fra høje træer rundtomkring

der kommer svar fra fjern og nær,

jeg ej alene fløjte kan,

så stort et kor, der sidder her.

Kom nu, kom nu, giv dog nu lyd,

jeg fløjter for, så kommer I,

fyld struben med den friske luft,

send tonen ud, langt i det fri.

-

Kun MIG de hører rundt omkring,

skønt alle I er også med,

de tavse stemmer høres ej,

hvornår får tungen I på gled.

Host halsen fri, send triller ud,

så verden hører friheds-kor,

når alle dem, som stemme har,

omkring sig sætter sine spor.

14.6.2022

Sikker rede

Smuthul for en lille fugl,

under Tag for regn og blæst,

missekat har ingen chance,

spurveunger har det bedst.

Mor og far gi´r mad og varme,

smutter ind fra tid til anden,

med lidt godt til sultne maver

deler pligter med hinanden.

-

Sér det ud fra min balkon,

sikke snildt den plads, de fandt,

sér dem flyve hen til muren,

så, hvordan de så forsvandt.

Gang på gang den samme tur,

spurvefar og spurvemor,

når de fløj fra denne rede,

stak små næb ud, hvor de bor.

3.7.2022

Tredje kuld

Et kuld med fire små spurve,

det tredje i dette år,

de vimser omkring på altanen,

om ikke en bid de nu får.

Men fatter og mutter er trætte,

"selv kan I dog finde lidt mad,

I er dog ej mere så bitte,

sid tiggende ikke på rad."

-

De blafrende småfuglevinger

er rettet mod far og mod mor,

og fire næb gaber i luften:

"Vi er nu dog ikke så stor,

deroppe i fuglehuset,

dér ligger dog masser af mad,

to gange I henter og bringer,

så fyldt er for os dette fad."

-

Og fatter og mutter forbarmer

sig om deres sultende kuld,

og fylder de gabende munde

og propper med mad hver en tud.

Med flagrende, dansende vinger,

småfuglende maser sig frem,

men kommer man ud på altanen,

strakst flyver de seks hurtig hjem.

13.8.2022

Åååhhh

Lille Rotte, klikk og plapp,

hvad vil du på min altan,

stuehøjde er så nem,

krummer du dér finde kan.

Du er lille, dog kun nu,

om få uger vil jeg mene,

tre gange er du dig selv

og er ikke mér alene.

Stakkels lille kære rotte,

som du sidder dér blandt strå,

dit fordærv er dog mit vindue,

gennem dét jeg dig jo så,

år tilbage er det siden,

da de pluds´lig myldred frem,

dine fætre og kusiner,

og belejrede mit hjem.

Så - nej tak - vil jeg ha´ gæster,

skal det ikke være jer,

selvom, som du frejdigt spiser,

synes du mig nok så kær.

Synd det er, men dog nødvendigt,

at i tide jeg si´r STOP,

dig og alt hvad du må yngle,

med et hurtigt smældet PLOPP.

18.5.2022

Misse-Muse-Kat

Lille misse-muse-kat,

sig mig, hvor du var i nat

da der under sengen min

lød så mange muse-hvin.

Gnasken, trippen, rasle-rislen,

trippen af så bitte poter

pippelyde, sagte hvislen,

af de bittesmå despoter.

Mis, hvor VAR du, sig mig nu,

for at jage? Hvor VAR du!

Jage kan du da hos mig,

mus har også jeg til dig,

bliv herhjemme et par nætter,

musemor med børn og fætter

flytter snart til nabohus,

og så er jeg fri for mus.

Lille misse-muse-kat,

du er dog min bedste skat,

når du bare af og til

følger mig i dette spil,

hygger dig med mig i sengen,

hører musen, når den tripper,

under sengen du så slipper

jager gråmand straks på flugt,

for dine kløer, for din lugt.

Alle andre nætter, dage

kan du smutte, kan du jage,

eller kæle på mit skød,

for du er så sød og blød.

7.9.2021

JEG SKIVER OG LÆSER

Skriveregler

Jeg skriver, som min mund er vokset,

mit hjerte har sin del deri,

hvis sommetider det bli´r kokset,

fordi der ingen plan er i,

så har jeg haft det sjovt ved legen

med ord og rytmemelodi,

går jeg engang så over stregen,

MIN regel ligger gemt deri.

22.7.2018

Sæbebople

En sæbebople, der ikke brast,

har ledsaget mig i mange årtier,

jeg ville skrive om løst og fast,

den svæved omkring mig på livets stier.

En drøm om romaner om menneskers veje,

om trolde og alfer der krydser min gang,

det lykkedes aldrig, skønt jeg læste bøger

om skrivemetoder: var stille min sang.

I livs-hurlumhejet min bople sig gemte,

blev skjult under hverdagens stormvejr og lyn,

med dagliglivs-chaos, som ej var forventet,

i "hold tungen lige" blev fæstnet mit syn.

Humøret holdt fast i små glæder der findes,

jeg klarer det hele, jeg véd at jeg kan,

hver sten, der må falde foran mig på vejen,

den rydder jeg bort, dertil er jeg i stand.

Men værre det blev, mit humør gik på orlov,

dog tid blev foræret af skæbnen så snildt.

Så jeg læste digte, som kunne mig bære

igennem det mørke, og jeg læste VILDT.

Dog ingen immellem alle de digte

gav mig det, der lette mig kunne mit sind,

men rytme de gav, og rimsang med ord på,

fra den dag gik digtene over gevind.

Min sæbebople blev stor og stærk,

men ej med romaner, for den vil ha´ rim.

Den mørkeste morgen i hele min verden

med tårer har vandet den stærkeste kim.

2.6.2022

Kan du finde

Bøger, bøger, bøger, bøger,

hvor ér bogen, som jeg søger,

huset fyldt i lange baner,

hvor dén er? - jeg ikke aner,

så, nu fandt jeg den tilsidst,

for jeg brugte tænkelist.

Hvornår fik jeg denne bog?

Har jeg læst den en gang før,

Er den lille eller stor,

mange tanker jeg mig gør,

mens mit øje vandrer rundt

som et kompas op og ned,

finder jeg det rette spor,

og nu læser jeg i fred.

11.10.2021

Dans over horisonter

Horisonten er ej grænsen,

fantasien finder vej,

danser ubetrådte stier,

i en ubegrænset leg.

Maler billeder med tanker

og forbinder dem med ord,

som står skrevet på papiret,

hvor vi læser deres spor.

Hvordan kán det dog mon være,

at vi sér, hvad ikke ér,

hjcrncn cr cn mystisk skabning,

danner verden af en fjer.

Kun en enkel, flygtig tanke

bringer frem mangfoldigt liv,

spinder frem et universum

kanske kun til tidsfordriv.

Men i bøger efter bøger

fantasier dukker frem,

bringer frem en egen verden,

giver tankespil et hjem.

Vi fordyber os i handling,

som vi ej erindret har,

folk på folk har fantaseret

os et ubegrænset kar.

19.5.2022

Travl aften

Jeg mærker ej, at det bli´r mørkt,

jeg skriver på computer,

på skærmen er der nok af lys

til mig, den gamle mutter.

Jeg tippser ned, på godt og ondt,

der er så mange tanker,

som jeg vil holde fast for mig,

før hjernen får skavanker.

-

Et blik jeg kaster udenfor,

jeg sér kun en laterne,

den lyser mørke gader op

helt ude i det fjerne,

men bagved mig er stuen sort

med enkle lyse skygger,

jeg skrev intenst og uden stop

til dagen gik i stykker.

23.1.2023

DAGENS GANG

Solopgang

Solen, min ven

sender lys over kanten,

så fjern over landet

er her horisonten,

et rødmende skær

fylder himlen i øst,

og mørket forsvinder,

en nat er forløst.

Betragter jeg rødmen,

snart rammer mit øje

et skærende lys,

jeg ej kan fordøje.

En tåre formilder

mit blændede blik,

mens hjertet slår sagte

et ekstra klik.

16.7.2021

Solmagi

Tidlig morgen, det bli´r lyst,

ud af sengen, skal ét sted,

trækker forhæng lidt til side,

hvad si´r vejret, vil jeg se.

Lys fra vinduet derude

blænder mig, hvad ér dog dét?

SOLEN spejler sig i ruden,

sikken solopgang at se.

At jeg SKAL, må engang vente,

ind og hente kamera,

det vil jeg til minde prente

og et billede jeg ta´r.

Det var heldigt, lige plet,

øjeblikket varer kort,

solen vandrer, spejlet slukkes,

øjeblikket, det var stort.

20.5.2022

Nattergalen

Lun er natten og så lys,

ingen chance for at sove,

vinduet står lidt på klem,

for lidt friskluft vil jeg vove,

lindetræets sagte susen

sender dufte til mig ind,

vifter sommernattens mildhed

som et pust forbi min kind.

Klare toner når mit øre,

falder, stiger, sender triller,

nattergalens melodier

sommernattens skønhed spiller,

sangen overdøver varmen,

natten får et festligt sus

gennem viduets åbne sprække

siver skønhed i mit hus.

30.5.2022

Der står et slot

Solen forsvinder i farvemagi,

skoven blir mørk, der tuder en ugle,

dampende tågedans henover engen,

Solen går ned som en rødgylden kugle.

Fra øst kryber mørket i smug over landet,

mens rødlilla skyer sig spejler i vandet.

-

Vi synger om slottet i vesterled,

så smukt det lyder med barnlige stemmer,

vi ser i erindringens levende spil,

hvad vi med tonernes vuggen fornemmer

af eventyrenes drømmende verden,

og ser på naturens festlige færden.

-

Nu solen er borte, en sort horisont,

mens himlen derover fortæres af flammer,

som dæmpes og slukkes nu - lidt efter lidt,

som smuk filigran vokser træernes stammer.

Derude i vest al dagslys forsvinder,

mens første stjerner på nathimlen tindrer.

8.12.2022

God nat

God nat, sorte himmel

nu går jeg i seng,

får friskluft i lungen,

og strækker min lænd,

lidt småløb på stedet,

så ånder jeg ud.

Ta´r Tempo i hånden

og tømmer min tud.

Min bog venter på mig,

og aftenmusik,

jeg hygger en stund

og holder min skik,

min pude i ryggen

mig støtter så varm,

og natten derude

er fri for al larm.

Til side jeg lægger min

bogkammerat,

par sider hver aften

er hygge så smart,

det haster vel ikke

at nå sidste sted,

når øjnene svigter,

jeg lægger mig ned.

21.5.2022

Sengetid

Sengetid? Hvad siger du!

Det er endnu lyst derude,

klokken, den er dog så mange,

kom din nattesøvn i hu.

For i morgen skolen kalder,

trætte børn vil ingen ha´,

sover du fra første time,

får du ingen dejlig dag.

Så i seng, min egen pige,

du må læse lidt endnu,

ét kapitel når du lige,

men så er det også slut.

OK, mor, jeg acepterer,

hun forsvinder med sin bog,

far og mor i stuen sidder

følger fjernsyns-billedsprog.

Snart kapitlet er læst færdigt,

toner høres fra TV,

videre hun stille læser,

ingen mor er her at se.

Filmen når sin gode slutning,

stille lister mor sig ind,

lyset tændt, men pigen sover

med god-nat-bog under kind.

28.5.2022

FORAAR

Isblomster

Blomster på ruden som fineste knipling

glimtende blink i solopgangen,

strålende skønhed som yndefuld silke

åbner i sindet for alfesangen.

Flimmer af lyserød blomsterpragt -

endnu har foråret ej fået magt.

-

Græsset det grønne på plænen derude

næsten er dækket af Brudeslør,

rimfrosten pynter med sarte krystaller,

den tidlige morgensol sikkert det gør.

Spirer af vintergæk vover sig frem,

vi venter på forår, til det kommer hjem.

28.1.2023

Jeg venter på violens blomstren,

men det er januar endnu,

og regnen siler ned fra himlen,

naturens farver gik i skjul.

I gråt forvaskes himlens farver

men tristhed skal mig ikke nå,

i grenene på birketræet

et kragepar jeg sér derpå.

-

De næbber kærligt med hinanden,

mens grenene dem vugger blidt,

mens af og til en vinge blafrer

og af og til de skræpper lidt.

Den ene krage skifter træ

og slår sig ned et andet sted,

den anden spreder sine vinger

og "snakkende" den følger med.

-

Nu andre holder dem med selskab,

og endnu flere kommer til,

uroligt bliver det i træet,

alt flytter sig fra sted til sted,

én kommer til, én flyver fra

og snart sig løfter hele flokken,

de flyver væk og jeg går ind -

og ta´r et lille blik på klokken.

25.1.2023

Vår-mod

Mel: Det er hvidt herude

Det er lyst derude

solen skinner, solsort fløjter

luften er så klar og ren,

fyld dit hjerte, løft dit hoved,

smil til spejl og smil til nabo,

blomster myldrer tusindvis,

glæd dig over forårsfarver,

optimisme os bevarer,

så vi mestrer denne tid.

April 2020

Kastanje-lys

Jul i Juni i naturen

træer holder julefest,

blomsterlys i rød og hvid,

dato har de ikke læst.

Pynter op til Sankte Hans,

drysser pynt på vej og gade,

så det klistrer under skoen,

bringer os dog ingen skade.

Nej, vi nyder disse blomster,

lysekroner i parade

bryder frem i solskinsvejr

som spaleer til vej og gade.

Biers summen fylder luften,

frygt ej deres lille stik,

de har travlt i sukkersødmen,

leder efter nektarslik.

31.5.2022

SOMMER

Skt. Hans

Når hyldemor spreder sin blomstrende hat,

og rosen blusser i Danmarks have,

oplever vi sommerens korte nat,

vidunderligt synger os nattergale.

Med kærestepar i slentrende gang:

velkommen til sommer i Danevang.

-

Nu enge sig pynter med farver og grønt,

sankt-hansbål besynges ved svalende strand,

nedgravet i sandet de bare fødder,

og øjnene drukner i glimtende vand.

En guitar, der klimter til folkemusik,

og fingre der klør dine myggestik.

30.7.2022

Kolonihaven

Kolonihaven rummer de skønneste farver

med roser, syrener i lila og hvidt,

mens valmuer flagrende vifter med kronen,

og stedmoders blomster formerer sig frit.

Dér hører man overalt liflige toner

af solsort og mejser og finker og stær,

fra tid og til anden en due der kurrer,

og henover haven en krage du sér.

-

En snak over hækken, et hej, hvordan går det,

så dejligt et vejr, sjovt, vi mødes igen,

så ta´r du et foto af blå anemoner,

så ét til og ét til og ta´r dem med hjem.

-

Arkivet er fyldt af de dejligste blomster,

af fugle og landskab og legende børn,

men én gang blev kameraet liggende hjemme,

hvis ikke, så havde jeg snuppet en ørn.

23.7.2022

Sommer

Sommervind leger med blafrende blade

småfugle sidder på gyngende gren,

vindpust i stød kruser vandenes flade,

mens første dråber strør pletter på sten.

\-

Skyerne mørkner og vinden ta´r fat,

fjernt endnu høres så stille en brummen,

klokken fokynder den kommende nat,

mens kløveren hygger med biernes summen.

\-

Et lyn flækker skyen, den mørke, på langs,

og stormvinden jager den strømmende brusen,

på pytter slår regnen luftbopler på vand,

og træerne danser i stormvejrets susen.

\-

Det brager og lyner med stigende fart,

og døre og vinduer smækkes for vinden,

for udendørs ophold er ikke rart,

ikke for mænd, heller ej da for kvinden.

\-

Men fyrværkeriet helt gratis fra himlen,

er festligt bag rudernes skærmende glas,

med regnskyl og lynild og bragende torden

og træer, der danser løssluppen bajads.

17.7.2022

Blå september

Himlen er så blå, så blå,

solens varme strømmer ned,

mens de første visne blade

lægger sig i blomsters sted,

men min trøje er for varm,

mens jeg vandrer her omkring,

samler sidste blomster-farver,

inden vintren ringer ind.

Skarpt er lyset, sætter fokus

på hver sommerfugl og bi,

mens jeg vandrer gennem haver,

følger koloniens sti.

Spindelvæv har tåredråber,

hænger slør på hegn og busk,

georginer mod mig smiler:

gå nu hjem, min ven, og husk.

3.9.2021

EFTERAAR

Se, nu er det...

Sommer gik med våde fødder,

efteråret kom med sol,

aftenskyer farves røde,

sæt nu ind din liggestol.

Luften frisker om dit øre,

det gi´r kroppen modstandskraft,

te med sukker og citron i

altid har sin virkning haft.

Regen pisker rundt derude,

lyn og torden var i går,

stormen lægger sig til hvile,

kun et pusterum den får.

For de næste mange dage

opta´r den igen sit job,

når den samler faldne blade,

puster dem mod træers top.

21.10.2021

Dråbevæddeløb

Jeg ser på kapløb ned ad min rude,

for der er regnvejr hos mig derude,

de muntre dråber vil ikke stå,

vil alle som første til målet nå.

Nu finder to sammen og samles i én,

fordopler farten på usynlige ben,

men fanges i en tværliggende bæk,

forsvinder i strømmen, er pludselig væk.

Til højre og venstre i magelig fart

en dråbeforsamling har løst sig fra start,

i ro og mag forbi bækken det går,

og sammen i fællesskab målet de når.

2.9.2020

Oktober

Træer er pyntet med varme farver,

og hybenbuskene stråler af bær,

-

snart falder brogede blade som snevejr,

når efterårsvindene rusker i træ´r.

-

I støvregnen spiddes de vandfyldte dråber

på slåenpiggenes spidse syl,

-

mens himlens skyer sig spejler i pytter,

og svampenes hinder vil sprækkes af fyld.

27.10.2022

November

Solen mig lover

en efterårsdag,

solrig og frisk

som efter behag.

Jeg ta´r imod alt

hvad den bringer til mig,

og resten, den bliver

min helt egen leg.

Himlen er blå med

sky-hvide klatter,

plænen er dækket

af løv, saa det batter,

kragerne borer

imellem alt løvet,

dugvådt det er

og ikke mer´støvet.

Træerne mister de

visnede blade,

vinden har rusket

i skov og i gade.

Dansende løvfald

gør årstiden sjov,

naar børn bygger huler

i have og skov.

6.11.2021

VINTER

At være

Aah, at være en snemand

på Grønlands evige is,

leve for mer end én vinter

snemænd, de frygter ej gys.

Venner den bli´r med en isbjørn,

kan hænde, den kommer den vej,

når den vil finde en hule,

eller er oplagt til leg.

\-

Snestormen skænker en hytte,

så snemanden får sig et hjem,

mad har den dog ikke brug for,

en mave ej vokser sig frem.

Ben har han ikke at gå på,

hvorhen skulle han mon dog gå,

bedre end i sneens verden

kan livet han aldrig dog få.

17.11.2022

Sner det ?

Hvad ér det, jeg sér

síg ej, at det sner

det flagrer med hvidt

det danser så frit

men stille dog ej

ta´r højlydt på vej

det flagrer så kåd

med skrig og med skrål

i hvirvlende flugt

så underlig smukt

på kraftfulde vinger

de danser og svinger

som klumper af tåger

en flok muntre måger

de snyder mit syn

om snevejr i by´n.

13.12.2020

Op til det næste

Dansen omkring juletræet

er forbi for denne gang,

risengrøden er fordøjet,

ingen synger julens sang.

Nytår blomstred højt på himlen

larmende med farvepragt,

ønsker for det nye år

blev over hele jorden sagt.

-

Jul og Nytår gik forbi,

knap holdt man op at feste,

klippes skal til fastelavn,

fordi fasten er det næste.

Ris skal klippes udi hækken,

rigges til i hver en spids,

så den pyntes kan med flitter,

og med bolsjer og lakrids.

-

Øjne følger himlens skyer,

får vi måske sne i år.

Men fra grå og trist en himmel

brus af støvregn vi nu får.

Vi har tid til klippe, klistre,

pynte op til fastelavn,

men lidt sne til vore kælke,

ville gøre mere gavn.

25.1.2023

Sne-sjap

Nu sner det, nu sner det, det vrimler fra himlen,

det maler små klatter på asfaltens sort,

men regndråber blander sig i alt det hvide,

og fylder små pytter om indgangens port.

Og ret som det maler så kønt nu derude,

forsvinder sneklatter og smelter så bort.

-

En narrestreg er denne snydfulde vinter,

som kun sender glatis den tidlige dag,

mens tågedis hænger i træer og buske

langt henover middag - en kedelig sag.

Hr. Vinter, bestem dig, og pas dine sager,

og vis at du endnu kan passe dit fag.

Men vent ej så længe, til gækkerne blomstrer,

violerne vil ikke dækkes af sne,

erantis og følfod vil ha´varmc ho´der,

så vil, kære Vinter, vi dig ikke se.

Så kom NU med sneen, den hvide, den skønne,

lad for vore børn engang slædevejr ske.

24.1.2023

JUL

Julehimmel

Et kig ud af vinduet,

hvad lover mon himlen?

Er skyerne grå,

gemmer tåge mit syn?

Er mågerne vågne

og sidder på taget

så side om side

før de flyver mod by´n?

Et skuespil møder

mit undrende øje,

det stråler i gyldenrødt

fyrværkeri. -

Mit kamera snupper

min hånd midt i farten,

i hjemmesko stryrter jeg

ud på min sti.

Jeg finder en vinkel,

nej, dén er da bedre,

og foto for foto

får plads i min sag,

og birkegren-vifter

gi´r filigran-rifter

i alt dette røde:

så nyfødt en dag.

22.12.2021

Den gamle julebog

-

Jeg glæder mig i denne tid,

når tanker svæver frit omkring

ved stjernelys i vinduer

og minder bopler i mit sind.

Ved tanken om den grønne bog

der dukked op i vores hjem,

det var den gamle "Peters Jul",

hver jul igen vi tog den frem.

-

Hver juleaften, netop nu -

hvad bedstemor fortæller,

det digt jeg lærte udenad,

det gennem byen gjælder.

Jeg proklamerede mit digt

og ingen kat forstod,

hvad jeg på dansk fortalte dem, -

det gjorde ekstra kåd.

-

Den kære gamle "Peters Jul",

forsvunden gennem tiden,

hvor ér den mon, min gamle ven,

det er så længe siden.

Det var min brors og ikke min,

dog minder lever længe,

og dukker gamle linje frem,

vil "Peters Jul" mig fænge.

23.12.2022

Tankespil

Jeg falder i staver,

til stavelser rimer,

når julen sig nærmer,

og klokkerne kimer,

de svinger i rytme,

en fin melodi

med snevejr og engle

og granpoesi,

med engle, der bager,

til himlen blir rød,

og solen går ned

i en lysende glød.

8.11.2020

Festlig fred

Jeg sér op mod himlen,

og venter på sne

for det er snart jul,

så MAA det da ske,

jeg mindes de tider

i barndommens dage

da daled det hvide
så kønt ned fra sky,
og alle børn vidste:
Jul kommer til by.

Og vrimler det hvidt
i luften den kolde,
så danser så lystigt
små nisser og trolde,
for snevejr, det er,
hvad der huer dem bedst,
for så går de sammen
i skoven til fest.

De fester med rådyr
og harer og ræve,
og spiser af blåbær
til alle er skæve,
for jul, det er venskab,
hvor alle er sammen
med én og hverandre
i glæde og gammen,
hvor nisser og trolde

og ræv og hare

engang kan more sig

helt uden fare.

22.12.2020

Det banker på

Når julen banker på min dør

og ingen vèd, hvem det kan være,

jeg åbner døren lidt på klem

og råber: "Er det dig, du kære!

Så kom dog ind og sæt dig lidt,

her er to børn, som venter dig,

her ved kaminen er der varmt,

har du mon tid til juleleg?"

"Tid har jeg ej, men næsen fryser

lidt varme kunne den vel li`,

jeg høre vil tre julesange,

og alle folk må stemme i,

i skjul af sækken venter gaver,

den gemmer noget til jer hver,

nu kom i gang med "Glade Jul",

for den jeg elsker helt især."

Og festligt klinger julesange
med barnestemmer, lys og klar,
og far og mor kan også synge,
som det i skoletiden var.
Med sagte brummen fra kaminen
ledsager Julemandens bas,
og bjældeklangen højt fra taget
hvor rensdyrslæden har sin plads.

21.12.2020

Nisse-Jul

(mel. I en kælder sort som kul)

-

Nissefar og nissemor har tændt op for varmen,

har de uldne strømper på, hygger sig ved arnen.

Varmer sig med risengrød og en mis på hver sit skød,

rotterne sig skjuler i deres varme huler.

-

Nissebørn har fri endnu, danser rundt i stuen,

grydeske i hver en hånd, ho´det under huen,

træsko stamper gulvet blødt, risengrød er lækker-sødt,

varmer nissers vomme, nu kan julen komme.

-

Rotterne har tid endnu, venter julens komme,

alle nisser har så travlt, så er stuer tomme,

resterne af risengrød stadig er så lækker-sød,

rotterne kan smage på risengrød og kage.

-

Juletræet står med lys, julegaver lokker,

bløde pakker, trendy-spil, og de uldne sokker,

højt fra træets grønne top julestjernen lyser op,

højt fra taget kigger nissefar og nikker.

-

Nissejulen er forbi, alle er så trætte,

sover sødt i hver sin seng, alle er så mætte.

Julemandens melodi, snorkelyd med fløjten i

fylder deres drømme, når lemmerne er ømme.

26.11.2022

Nøglehullet

Åh, hvor nøglehullet frister,

kun et lillebitte kig,

Du må ej, si´r storesøster,

det er mod al lov og skik!

Hemmelig er julestuen,

vent på klokkens ringelyd,

julemanden, han bli`r vred,

når du fornærmer juledyd.

-

Mor har hørt fra julestuen,

hvad der hviskes udenfor,

hun vil redde julefreden,

og en god idé hun får

Lidt papir i nøglehullet

og et plaster klippes til

det kan stoppe pillefingre

som en genvej finde vil.

Jul 2020

Sidste Stop

Juleaften gik forbi,

festen er nu næsten over,

blev kun halv, for dér i hjørnet

sidder Julemand og sover.

Sidste stop var her hos os,

og vi gav ham julekost.

-

Julemand var gennemkold,

det var ikke nok med varmen

fra den gamle kakkelovn, -

vi servered glögg ved arnen.

Lunt det blev den gamle fyr,

mens på taget blev påstyr.

-

Rudolf kravled ned fra taget,

aller venner kom herned,

slæden skred helt ned i gården,

sikke dog en julefred.

Afveksling er os tilpas,

for i stalden er der plads.

-

Julemanden hyggesnorker,

stille lister vi omkring,

finder ud af vore gaver,

åh - så mange lækre ting.

Sent det bliver denne dag,

går til sengs med julesmag.

-

I de første morgentimer

julemanden vandrer rundt,

rester lå endnu på slæden,

og som tak for natteblund

lægger han en ting til hver,

håber, at det hjemad sner.

9.1.2023

FRA GAMMEL TID

De gode gamle dage

Havde jeg levet i gamle dage,

hvem havde jeg været og levet hvordan,

mit ophav var arbejdsfolk langt tilbage,

og skomager, snedker og fiskermand.

-

De samled ej rigdom med penge og ære,

hvis de bygged huse, var dét ej til dem,

et lille hummer til store familjer,

så trangt og usselt, det var deres hjem.

-

Går hundreder år jeg tilbage i tiden,

var trældom og livegenhed deres lod,

kun få delte kundskab og rigdom og vælde,

mens de allerfleste var fattigfolk.

-

De "Gamle dage" var ej så gode

for hvermands og almuens daglige liv,

hvor konger og adelsfolk fik deres føde

af fattige folk, ryggen bøjet og stiv.

-

Jeg lever i stuer, som kun er til leje,

har penge til mad og til tøj på min krop,

pensionen gi´r fritid mig selv helt til eje,

til nostalgiske tanker jeg kun siger: Stop!

29.1.2023

Stendysse

Hvem var de mon, som i fordums tid

var hjemme i disse dale og bakker.

Hvem spiste og sov ved den langstrakte Sli,

langt før endnu Vikingers skibe flakker.

Var der mon skove, som spejles i vand,

og moser, som gemte en hemmelighed

om ofre for guder, vi ikke kender

med bøn for en fremtid, som ingen véd.

-

En dysse af sten, som hviled i jorden

i tusinder år her under vor fod.

En mindelund for en skæbnekrig

på toppen af bakken kun hundred år stod.

Den var os en legeplads, skyggeomkranset,

et lunt lille sted, hvor vinden var svag,

men mindesmærket blev restaureret,

og stenalder-graven kom frem for en dag.

-

Jeg mindes de tider, vi leged deroppe
på toppen af elverhøj, helt ubevidst.
I al hemmelighed vi mødtes deroppe,
og var for os selv, det er ganske vist.
Og under vor fod denne stenaldergrav,
et minde om jer, der her leved engang,
hvor slægt efter slægt blev født og gik bort,
og intet folk kendte til Danevang.

-

Men livet blomstred ved Sliens vande,
stenalder-gravene minder derom,
med flere høje, som får lov at blive
som høje i fred, lad os værne derom.
Dog havde jeg lyst til at mødes med nogen,
som kunne gi´ bud om tretusinde år:
hvor ville jeg gerne gå frit gennem tiden
med forandringer, som de kommer og går.

22.6.2022

EVENTYR OG SAGN

Nepomuk

Jeg fisker, det frisker,

min båd gynger stygt,

den hopper og danser,

jeg fyldes med frygt.

Med kysten langt borte,

knapt skimter jeg land.

Kom Nepomuk, hjælp mig,

og træk mig mod strand.

Hvad gi´r du mig, smukke,

hvad har du til mig?

En fiskestang har jeg,

den gi´r jeg til dig.

Med dén kan du fange

hver fisk, du vil ha´,

så skynd dig, og ta´ den,

og hjælp mig herfra.

Din fiskestang, kære

vil jeg ikke ha´,

jeg spiser kun havgræs,

jeg er vegetar.

En sø-agurk er dog

så lækker for mig,

en sådan en hár du?

så hjælper jeg dig.

Din Fiskestang er jo

et godt apparat,

tag krogen dog af,

for det er ikke rart

at flænse mit skind,

når jeg trækker din båd

ved snoren mod land,

så du ikke blir våd.

14.12.2021

Mosekonen brygger

Lette tåger hænger over mosen,

som en damp i første morgenlys,

glimt af gyldent lysende små vinger

danser mellem spredte birkedrys.

Frøers stemmer raller i det fjerne

som en stille hvislende musik,

jeg står stille under graners susen,

mens en guldsmed danser vilter for mit blik.

Eventyr om alfedans og feer,

og om mosekonens stærke troldedrik,

sagnfortællinger af gamle koryfæer,

slynger sig om oldtids lov og skik.

Luren gjalder gennem mine tanker,

mosen sluger offergavers guld,

tørvelaget gemmer sine skatte

til engang de graves op af sorten muld.

Tågesløret synker ned i græsset,

og dugdråber spejler solens glød,

kæruldtotter blafrer blidt i vinden,

soldugs dråber skinner farligt rød,

ventende på lækre myg og fluer,

mens jeg vender om og går min vej,

følger skovens smalle mørke stier,

og mens graners toppe danser over mig.

26.5.2022

Livsvandet

Langt ude i skoven, hvor kragerne vender,

sig hæver en kæmpehøj langt op mod sky.

Dér bor gamle Langfod med konen Petrine

langt borte fra menneskers nærmeste by.

-

En skat gemmer Langfod i fjerneste kammer,

en krukke med livsvand, som ingen må se,

den gamle vismand, som gav ham det under,

fortalte ham, hvad der med krukken vil ske.

-

Får mennesker smag af det tryllende livsvand

vil virkningen miste sin styrkende magt,

og trolde vil ældes som alt her på jorden,

for vismanden løsner sin aftalte pagt.

-

Vor Langfod har levet fra dagenes morgen,

har nydt med Petrine et hyggeligt liv,

holdt væk sig fra menneskers byer og borge,

hvert hundrede år kun af vandet et hiv.

-

En skønne dag vandrede Jesper fra staden,

han elskede granernes krydrede luft,

så han drog til skovs og glemte ej maden,

man bli´r jo ej mæt af den dejligste duft.

-

Han vandred og vandred til han var bedøvet

af træernes susen og fuglenes sang,

hans skridt førte ham til den yderste grænse,

hvor vejene endte blandt træer engang.

-

Og dér sad Petrine og stangede tænder,

hun havde kun ganske få mennsker set,

hun undredes over det bitte vidunder,

var dét mon med Langfod så underligt sket?

-

Og hånden Petrines omsluttede Jesper,

som stiv blev af angstens den stivnende skræk,

mens troldkonen løb med ham helt ind i højen,

og Jesper besvimede uden et kvæk.

-

Hun drypped lidt vand fra den liflige krukke

i munden på Jesper, og vented på godt,

men Jesper var Jesper, blev ikke til Langfod,

og sandheden aned´ Petrine så småt.

-

Petrine beredte et leje af bregner

og lagde Jesper ned på den duftende seng,

for troldeparret var milde væsner,

som mente så godt, som man mente med dém.

-

Da Langfod kom hjem fra de daglige sysler,

fortalte Petrine om, hvad der var sket.

Med undrende øjne betragted´ de Jesper,

så bitte en mand havde aldrig de set.

-

Men Jesper, han sov, var i sine drømme,

forsigtigt tog Langfod ham op i sin hånd.

Han bragte ham hjem i det skjulende mørke

og lagde ham i skovbrynets bregnebånd.

-

Og Jesper, han vidste kun af sine drømme,

livagtig som aldrig han havde dem set,

kun i hukommelsen gemte han skatten,

og tro´de ej på, at det virklig var sket.

-

Petrine og Langfod tog for sig af vandet,

som havde dugget et menneskes mund,

nu ældedes troldene li´som os andre,

halvtreds år blev derefter nu ikke mér rund.

Derfor er der ikke mér trolde på jorden,

historien skete for hundreder år,

men gravhøje stadig kan sés i naturen,

og tanker som denne ved synet man får.

30.1.2023

© 2023, Ingrid Rathje-Kohn

Forlag: BoD – Books on Demand, Hellerup, Danmark

Tryk: BoD – Books on Demand, Norderstedt, Tyskland

ISBN: 9783734789335